DES ATRIDES,

OU

FRÈRES CORSES.

DES ATRIDES,

OU

FRÈRES CORSES.

Prima lex, irasci; secunda que vivere rapto ;
Tertia, mentiri; quarta, negare Deos.

SEN.

Colère, brigand, menteur, athée,

~~~~~~~~

A PARIS,

CHEZ TOUS LES MARCHANDS DE NOUVEAUTÉS.

1814.
~~~~~~~~

DES ATRIDES,

OU

FRÈRES CORSES.

~~~~~~~~

Prima lex, irasci ; secunda que vivere rapto ;
Tertia, mentiri ; quarta, negare Deos.
<div align="right">SEN.</div>

Quand le philosophe romain à crayonné dans ces deux vers le caractère général des Corses, avait-il déjà connu, par une sorte de prescience, celui de la race *Buonaparte*, pour l'avoir peinte d'avance avec tant de vérité? Il manque cependant à ce tableau un trait particulier à cette monstrueuse famille.

Quelques rapprochemens de notre déplorable histoire prouveront que la nature, en se faisant un jeu cruel de rassembler dans le cœur de ces individus, comme dans la boîte de Pandore, tous les maux et tous les vices qui dé‑
~~~~~~~~

gradent le cœur humain et enfantent les malheurs du monde, a voulu y ajouter la lâcheté et la vileté d'ame, compagnes ordinaires des grands crimes.

Buonaparte, dit *Napoléon*, *Louis*, *Jérôme*, *Joseph*, tous ont prouvé que, nouveaux Atrides, ils n'avaient de corrélation et d'harmonie entr'eux que pour le mal, et qu'ils n'avaient nulle conscience, nul sentiment du bien. Le seul *Lucien*, au cœur un peu moins corse, a joint à des talens et à quelques vertus sociales, la prévoyance de s'assurer un sort indépendant, durable et heureux, s'il en peut exister un pareil quand il est le fruit de la rapine, et qu'il découle d'une source aussi injuste que celle où il a puisé ce prétendu bonheur.

N'avons-nous pas vu *Napoléon*, leur digne premier né, abandonner traîtreusement, en Syrie, ses braves compagnons à toutes les horreurs et les détresses d'une défaite, dans ce pays éloigné et barbare ? N'a-t-il pas fui làchement à Marengo, aux premières apparences de la perte d'une bataille, dont le succès n'a été dû qu'à la bravoure et aux talens, dignes d'une meilleure cause, d'un de ses généraux ? Ne s'est-il pas sauvé, *seul*, de la trop funeste campagne de Moscou, déguisé, et insensible aux désastres indicibles qu'il avait provoqués ? ou plutôt, nouvel *Erostrate*, et plus atroce encore que *Néron* souriant à l'incendie de Rome, ne s'est-il pas applaudi et félicité, dans son repaire des Thuileries, de l'embrasement de trois cents lieues de pays et de la perte de trois cents mille Français (1) ? N'a-t-il pas tout récemment

---

(1) Les généraux des alliés, dans un de leurs entretiens à Brai-sur-Seine, où ils témoignaient la peine que leurs souverains et eux-mêmes éprouvaient des maux inévitables de la guerre, disaient à ces infortunés habitans : « Hélas ! nos « souverains pleurent sur vous et avec vous, et « votre empereur a incendié 4000 villages dans « la campagne de Moscou, et *il en riait!!!* »

quitté Paris pour chercher ailleurs son unique salut ? Par une nouvelle cumulation de honteux et criminels mensonges officiellement répandus, ne s'est-il pas efforcé d'enlever le reste de la population de toutes les classes et de tous les âges (1), d'entraîner et d'engloutir ainsi, avec lui, la France entière dans le gouffre qu'il creusait pour elle depuis douze années ? N'a-t-il pas fui sans ordonner d'autres mesures pour la sûreté de la capitale, que celles propres à la compromettre et à la rendre coupable aux yeux de la croisade européenne qui la menaçait du poids immense de ses armées ? N'est-il pas de toute évidence et de toute vérité que

---

(1) Les derniers décrets de conscription de 3oo mille hommes, et de celles depuis 20 à 4o ans à la disposition du ministre de la guerre, de 4o à 5o à celle des préfets, et de 5o à 6o à celle des mairés. Et voilà ce que ce cannibale appelait *la matière conscriptible, la chair à canon !*

ce tyran s'est toujours mis lui seul au-dessus de toutes les lois, tandis qu'il plaçait la France et l'Europe *hors la loi?* En dernier lieu, au moment même où Paris était à deux doigts de sa perte totale, n'a-t-il pás envoyé l'ordre de dépaver les rues et conséquemment celui de son entière subversion? N'eût-elle pas eu lieu, si un généreux vainqueur n'avait lui - même opposé son humanité aux désastreuses mesures de cette rage délirante? Enfin, c'est pour son seul salut qu'il fuit encore aujourd'hui, et pour combler ses cruautés, entraînant après lui les débris de ces valeureux Français, encore égarés par un faux principe de fidélité pour ce monstre. Bien plus, dans cet horrible moment de détresse, n'a-t-il pas retiré de la capitale, avec ses trésors et ceux de l'Etat, tous les administrateurs capables d'en empêcher le vaisseau de sombrer sous le peu de voiles qui lui restaient? C'est ainsi qu'un pilote insensé ferait abattre tous les agrès et percer la carène de son bâtiment, au lieu d'y faire apporter tous les secours et d'y conserver du moins tous les moyens d'échapper à sa perte.

Ne sait-on pas qu'il a envoyé l'ordre de faire sauter le faubourg Saint-Germain, les Invalides et l'Ecole militaire avec la poudrière de Grenelle ? Qu'il a donné l'ordre de mettre le feu aux faubourgs Saint-Antoine, Saint-Denis et Saint-Martin, et que ces populeux quartiers n'ont dû leur conservation et leur salut qu'à l'honorable désobéissance de Français restés fidèles à l'humanité et à la patrie ? N'a-t-il pas fait enlever par ses frères, aussi brigands que lui, tous ses immenses trésors numéraires, les diamans de la couronne et les plus précieux objets des arts qui, conservés au Muséum, ne sont pas moins la propriété de l'Etat que le glorieux témoignage de la valeur française ?

Tous ces crimes successifs ne sont-ils pas autant ceux de la lâcheté que de la cruauté de ce Corse, dont le cœur n'a jamais éprouvé une seule pulsation d'amour pour ces trop braves Français dont il s'est plu à faire égorger quatre à cinq millions, sans aucun but pour leur bonheur ? Tel le tigre qui tue sans cesse et par le seul plaisir de voir du sang, même lorsqu'il en est rassasié au point de ne pouvoir plus s'en abreuver.

Nous allons tracer la similitude de conduite et de lâcheté de ses frères dans des circonstances difficiles et périlleuses.

Qui ignore que *Louis*, placé par l'usurpation sur un trône créé en Hollande, était cependant parvenu à émousser l'aversion naturelle des bons Hollandais pour un joug si pénible et si contraire à leurs habitudes et à leurs principes ? Néanmoins, dès la première menace de la colère de *Napoléon*, au lieu de résister en roi à ses ordres spoliateurs, comme le lui imposaient le devoir, la reconnaissance et l'attachement envers ce peuple benin, il a fui lâchement, en secret, et l'a abandonné à la rage du tigre impérial, en emportant avec lui les trésors volés et arrachés à la soumission de cette douce et patiente nation.

Jérôme, ce monarque éphémère, assis sur un trône en Westphalie, tel qu'un roi de théâtre, ne s'est pas écarté des principes de lâcheté personnelle, infuse dans le sang de cette exécrable famille.

Inopinément investi dans sa capitale, la nuit du 27 au 28 septembre dernier, par un parti de 12 ou 1500 cosaques seulement, sous les ordres du général Czernichef; surpris dans les bras du sommeil, il rêvait à des projets de chasse et de spectacles, auxquels seuls il donnait tous ses soins, après ceux de satisfaire une luxure déhontée et insatiable. A la terreur et à la colère qui s'emparèrent d'abord de son cœur, succéda une velléité de faire le roi. Tandis qu'on préparait tout, en grande hâte, pour son départ et l'enlèvement des trésors et objets précieux que sa prodigalité n'avait pu soustraire à son avarice, et à ses rapines encore plus criantes, il se transporta au point d'attaque; mais, dès la matinée, il se retira précipitamment, en abandonnant la garde de Cassel aux ordres de ce même général *Alix,* qui vient, par une défense aussi vaine que féroce, de causer la ruine de l'innocente et impuissante ville de Sens. *Jérôme* avait eu aussi la barbare et machiavélique précaution d'entraîner avec lui tous les autres chefs civils et militaires, sans pourvoir à aucune mesure d'ordre après sa fuite.

L'assiégeant feignit de se retirer dans la nuit du 28, et dès le 30, dans la matinée, il reparut. Après quelques coups de canon échangés pour la forme, le général *Alix* capitula et se retira le soir, en ne laissant, à l'exemple de son indigne souverain, aucun ordre pour la sûreté publique, et en abandonnant 7 à 800 Français de tout âge et de toute condition à la merci de la populace soulevée, et du vainqueur. Celui-ci eut la générosité de faire assurer de sa protection tous les étrangers, et il tint parole avec une bonne-foi digne de son auguste maître. Forcé d'évacuer lui-même quelques jours après, il ne souffrit aucune insulte, aucun pillage public.

Le premier soin du général *Alix*, nommé lieutenant du roi (qui avait de suite fui jusqu'à Coblentz, à 60 lieues de Cassel, au-delà du Rhin), fut, à sa rentrée, de faire jeter en prison une foule des habitans les plus distingués de la ville, pour s'être, aussitôt après sa sortie, réunis à l'hôtel-de-ville, et avoir spontanément formé une commission provisoire et protectrice, dont

la vigilance et la fermeté avaient pré-
servé cette capitale, les propriétés
mêmes du roi absent, et les étrangers,
du pillage et de la malveillance de la
populace.

Jérôme, à son retour, quelques se-
maines après, confirma ces iniques ar-
restations. Ces malheureuses et hono-
rables victimes de leur dévouement et
de leur active sollicitude pour leur patrie, gémirent long-temps encombrées
dans des prisons malsaines, et y furent
laissées jusqu'à la seconde fuite de *Jérôme*. Alors seulement elles durent leur
délivrance à l'arrivée des alliés, qui
opérèrent la libération définitive de ce
pays.

Il n'a pas négligé le soin de faire
transporter en France tous les objets
précieux que le temps lui a permis de
faire enlever. Ils y sont encore cachés
chez un de ses dévoués.

Ainsi *Jérôme*, cet *Héliogabale Buonaparte*, a quitté sans résistance, et avec

une couardise analogue à celle de ses frères, un trône où il ne s'était occupé qu'à dépenser follement, à emplir ses coffres de la substance des laborieux, mais peu fortunés Westphaliens, et à n'être libéral qu'envers des histrions et des courtisannes. Au moment du danger, il a fui de Paris, et y a honteusement abandonné toutes les personnes attachées à son service, et sur-tout beaucoup d'Allemands qui lui étaient restés fidèles, sans les payer et sans pourvoir aux moyens de sûreté pour leur retour dans leur patrie.

Placé sur le trône des Espagnes par là perfidie la plus outrageante pour toutes les têtes couronnées, que de faiblesse, d'impéritie et de lâcheté n'y a pas montré *Joseph* en vingt occasions! Ce *Joseph*, naguères impudemment substitué, pour ainsi dire, à celui qui s'était fait le chef insolent de notre grande et généreuse nation!!! combien de fois ses fuites réitérées n'ont-elles pas exposé à la vengeance castillane les braves qui avaient eu l'énergique erreur de se vouer à sa conservation ?

Et ce lâche et traître *Joseph* ne vous assurait-il pas, ô bon peuple de Paris, *la veille* encore de votre ruine, *qu'il resterait avec vous*, et qu'il y attendrait, en vous défendant, le retour prochain de son frère avec *son armée victorieuse?* Comment a-t-il rempli cette fallacieuse et mensongère promesse ? à l'instant même du danger, sous les murs de votre opulente cité, sous les yeux de vos mères et de vos femmes éplorées, n'a-t-il pas, trop braves Français, trop confians et crédules Parisiens, abandonné vos pères et vos frères à la boucherie, et toutes vos propriétés à la vengeance de vainqueurs justement irrités par le récent et cruel souvenir des dévastations dont la trace fume encore depuis Paris jusqu'à Moscou? N'a-t-il pas fait pis ? En fuyant sur vos remparts, avec ses confidens, n'avait-il pas l'insultante atrocité de *rire aux éclats ?* Enfin, n'a-t-il pas mis le comble à ses perfidies, en entraînant avec lui un corps de cavalerie qui pouvait encore vous protéger, et tous les administrateurs militaires et civils qui pouvaient vous préserver des troubles intestins, pires encore que les fureurs de la guerre ? Il n'a donc pas dépendu de lui de vous enlever jusqu'à tout espoir, jusqu'à toute ressource de salut.

Mais la Providence (car quelle autre puissance eût eu la force d'écarter la foudre qui planait sur vos têtes ?), oui, la Providence, protectrice de l'innocence, plus puissante que les méchans, a daigné enfin venir à votre aide et vous sauver. Elle a suscité l'humanité du vaillant général qui a dû défendre votre propre honneur et la gloire de la France : elle a mis en œuvre les talens et la sagesse du *Nestor* de notre diplomatie : elle a pris dans sa main le cœur des monarques au pouvoir desquels vous alliez tomber : elle les a pénétrés de sentimens de générosité, de clémence et de pitié : elle a amolli les cœurs mêmes de leurs soldats, et elle a fait naître miraculeusement votre conservation subite et inespérée des moyens qui devaient opérer votre destruction et votre anéantissement. En un instant tous ces ennemis innombrables ont déposé leurs haines : il n'a plus paru que des amis; et le Parisien s'étonne et s'attendrit en se sentant presser la main par le Moscovite et l'habitant du Caucase, et par toutes ces nations réunies que le plus féroce et le plus barbare des hommes avait calomniées d'un nom qui n'aurait dû être inventé que pour lui.

Il est donc bien démontré que l'infernale race qui a causé nos irréparables désastres et ceux de l'Europe entière, n'est qu'un ramas horrible de tous les vices destructeurs de l'ordre et du bonheur social. Ces vices sont inhérens et indigènes à la nation où ils ont puisé cet infâme sang, déjà corrompu dans les veines de leurs aïeux et déjà abhorré du temps des Romains, qui, comme l'a dit un de leurs historiens, avaient d'eux une idée d'horreur et d'abjection telle, *qu'ils n'en voulaient pas même pour leurs esclaves.*

Ce jugement si bien exprimé dans notre épigraphe, nous allons le commenter en peu de mots, avec le regret et la douleur que la vaillante et généreuse nation française ait pu être si long-temps soumise à ce vil *Buonaparte*, et réduite par sa tyrannie à un tel état de terreur, d'abattement et de honte, qu'elle a souvent, dans ces derniers mois sur-tout, été forcée de déplorer les succès et la gloire de ses troupes valeureuses, parce qu'ils contribuaient à la prolongation de son esclavage et à la conservation du tyran. Il a commis, il a lui seul surpassé tous les crimes, tous les meurtres de notre atroce et sanguinaire révolution.

Prima lex, irasci : colère. C'est le premier trait caractéristique du Corse. Qui ignore les rages et les fureurs de *Napoléon* aux plus légères résistances à ses volontés? De là ces haines aveugles ; ces vengeances implacables et inextinguibles dans le cœur de ce féroce insulaire ; sa jalousie, son envie de toute sorte de mérite ; son ingratitude envers ses dévoués serviteurs. La postérité aura peine à croire que le noble et chevaleresque Français ait pu s'assujétir au joug de ce monstre descendu des montagnes sauvages de Corse, plus étranger encore par ses mœurs farouches, à nos mœurs douces et courtoises, que ne l'est l'âpreté et l'infécondité de son pays natal à l'agrément et à la fécondité du nôtre.

Trouverez-vous dans toute son histoire d'autres traits que ceux tracés par le sang et par le feu? Tous les volumes qu'elle produira en offrirontils un seul d'urbanité, un seul mot d'un cœur sensible et humain? Mais, ô mes chers compatriotes, lisez une seule page de la vie de vos anciens et légitimes souverains, de ces *Bourbons*, si long-temps et si justement adorés, et vous serez convaincus qu'un Français seul peut et doit être le père de notre patrie.

Cette famille corse, au contraire, n'est qu'une troupe de bêtes féroces semblables à celles des déserts de la Lybie. Dans un siècle moins libéral, *courre sus* eût été contre elle le mot d'ordre et de ralliement de tous les peuples.

Secunda... vivere rapto : brigand. Interrogez l'Italie, l'Allemagne, la Pologne, la Russie, tous les pays de l'Europe, où *Napoléon* a fait passer le torrent dévastateur de son ambition et de sa rage contre le genre humain : considérez le sort de la France elle-même, et dites si jamais les spoliations des Huns et des Normands ont, comme les siennes, desséché toutes les sources physiques et morales du bonheur et de la prospérité publique et particulière.

Tertia, mentiri : menteur. Relisez les journaux officiels, et particulièrement de ces derniers temps. Comparez notre position avec celles qu'ils n'ont cessé de vous dépeindre , jusqu'à la veille même du jour qui devait voir votre destruction , et jugez.

Quarta , negare Deos : athée. Qui ignore que tout sentiment de morale , d'humanité , de pitié , de charité , et conséquemment de religion, ne soit étranger à Napoléon? N'a-t-il pas arboré les signes du Mahométisme en Egypte? ne s'est-il pas joué des sermens les plus sacrés dans ses traités de paix et d'alliance? N'a-t-il pas voulu détruire notre religion , sous des apparences fausses et hypocrites? N'a-t-il pas tenté de l'avilir dans ses ministres et dans son vénérable chef? N'a-t-il pas arrêté, incarcéré, fait conduire par un gendarme, comme un criminel, ce chef suprême, respectable même aux yeux de tout homme de quelque secte qu'il soit ?

De cette abnégation de tout principe de morale publique et sociale sont provenus ces débordemens scandaleux, ces excès de dissolution monstrueuse et communs aux deux sexes de cette exécrable race. N'en ont-ils pas puisé le goût dans le flanc de leur coupable mère (1)? leurs infirmités prématurées ne dévoilent - elles pas enfin toutes leurs turpitudes ?

Mais détournons nos regards de ces horribles vérités; ce serait à - la - fois s'avilir et se souiller à l'égal de cette race impure. Contentons-nous de rejeter loin de nous, d'écraser, s'il le

____

(1) C'est bien exactement à elle qu'on pourra appliquer la célèbre épitaphe : *Ci-gît l'oisiveté*.

faut, ces reptiles immondes et véni-
meux, et mettons, sinon en oubli, du
moins un terme à nos dégoûts et à nos
douleurs.

Combien n'est-il pas plus doux et
plus consolant de porter nos vœux et
notre espoir sur l'avenir heureux que
nous avons maintenant droit d'espérer !
Oui, commençons à l'être ; laissons
enfin couler les larmes délicieuses de
la joie et du bonheur, et jouissons déjà,
dans toute la plénitude de nos cœurs,
de la prompte renaissance de la félicité
générale et individuelle.

Que mille et mille actions de grâces
soient à jamais rendues au *grand Ale-
xandre !* Nouvel Agamemnon par sa
puissance et par la confiance de cette
foule d'augustes monarques qui ont re-
mis dans ses mains généreuses l'exécu-
tion de leurs pouvoirs pour récréer le
bonheur du monde ; plus grand encore
par sa magnanimité et son inépuisable
bonté, il nous l'a promis en leur nom

et au sien; il ne nous est plus permis d'en douter.

Tous, ils mériteront notre profonde et éternelle reconnaissance, et tous participeront à la gloire immortelle que la postérité leur accordera, avec autant d'enthousiasme et de justice que la France.

Russes, Allemands, Prussiens, Anglais, peuples de l'Europe! enfin le moment est arrivé : bientôt les Français, réunis à leur père, Louis XVIII, ne reconnaîtront plus dans vous tous, comme lui dans tous vos souverains, que des amis et des frères! Oublions à jamais, nous et nos neveux, le mot de haine; que nos cœurs ne connaissent, que nos bouches ne prononcent desormais que celui d'amour!

Le retour d'un de nos princes chéris nous en donne le premier exemple, comme il nous est le premier garant de notre bonheur.

FIN.

9 782012 486652